LES

ARMOIRIES D'ORLÉANS

EN 1306

PAR

Jacques SOYER

ARCHIVISTE DU LOIRET

ORLÉANS
IMPRIMERIE PAUL PIGELET
8, RUE SAINT-ÉTIENNE, 8

—

1906

LES

ARMOIRIES D'ORLÉANS

EN 1306

PAR

Jacques SOYER

ARCHIVISTE DU LOIRET

ORLÉANS
IMPRIMERIE PAUL PIGELET
8, RUE SAINT-ÉTIENNE, 8

1906

LES ARMOIRIES D'ORLÉANS EN 1306

Malgré un travail récent (1), les origines et le sens des armoiries d'Orléans sont encore très obscurs et il·n'est pas inutile, avant de se prononcer sur la question, de recueillir les documents qui pourront permettre de résoudre définitivement cet intéressant problème héraldique.

J'ai trouvé tout dernièrement aux Archives départementales du Loiret, dans les dossiers de l'église collégiale Saint-Aignan, une charte en langue française, datée de 1306, qui était autrefois authentiquée par deux sceaux pendants. Un seul reste maintenant et nous offre, à ma connaissance du moins, la plus ancienne représentation des armes de la ville.

Ce document est une sentence d'arbitrage rendue par Étienne de Lorris et Macé de Chilly, *bourjois d'Orliens*, à la suite d'un procès entre le chapitre de Saint-Aignan et les habitants d'un lieu dit Laleu, paroisse de Ménestreau-en-Villette.

Les arbitres avaient apposé chacun leur sceau à cet acte : «...*ou tesmoing de la quele chose nous avons scellé ces pre-* « *sentes lettres de noz seaus. Ce fut doné l'an de grace mil* « *trois cenz et sis, le samedi desus dit devant la feste de touz* « *sainz* ».

Le sceau qui subsiste, de cire brune, sur double queue de parchemin (2), est au nom de Macé de Chilly : il représente

<hr>

(1) *Les armoiries d'Orléans*, par M. Charles Michau ; Orléans, 1904 (avec figures) ; extrait des *Mémoires de la Société d'agriculture, sciences, belles-lettres et arts d'Orléans*.

(2) Voir le fac-simile joint à cette étude. La photographie a été prise par notre collègue, M. Fougeron, auquel j'adresse mes sincères remerciments.

trois « cœurs de lis » (qu'il est impossible de prendre pour trois
cailloux) (1), avec un chef semé de fleurs de lis. En bordure,
est cette légende, brisée en partie, mais facile à restituer :

† Seel. MACIE DE. CHILLI. BOVRIOIS. DORLIENS.

Le contre-sceau ne porte pas de légende et représente un lion
rampant ; c'est le blason de la famille de Chilly, ainsi décrit
dans l'ouvrage de C. de Vassal, *Généalogies des principales familles de l'Orléanais, table analytique des manuscrits d'Hubert* (Orléans, 1862, p. 124) : « d'azur au lion d'or, armé et
lampassé de gueules ».

Ce sceau, appendu à un document d'authenticité et de date
certaines, avait été connu au XVIIIᵉ siècle par un érudit orléanais, Polluche l'aîné, qui, dans une dissertation manuscrite sur
les armes de la ville d'Orléans (1752), s'exprime ainsi (2) : « La

(1) «...En réalité, il est indéniable que l'écusson primordial était
composé de trois cailloux » (Michau, *op. cit.*, p. 16 du tirage à
part).

(2) Manuscrit de la Bibliothèque de la ville d'Orléans, 461 *bis*,
t. I, p. 109. Imprimé dans Michau, *op. cit.*, p. 48-52 du tirage à
part. — Au XVIIᵉ siècle, les armes d'Orléans se blasonnaient « de
gueules à trois cœurs de lis d'argent, deux et un, au chef cousu
d'azur chargé de trois fleurs de lis d'or ». — La charte de concession
primitive des armoiries est inconnue. Le 31 janvier 1815, Crignon-Desormeaux, maire d'Orléans, demandant que la ville fût autorisée à reprendre ses anciennes armoiries, écrivait au baron Talleyrand, alors préfet du Loiret : « Je ne puis, Monsieur le baron,
« vous faire passer la copie certifiée des chartes ou lettres patentes
« en vertu desquelles a eu lieu la concession primitive ; elles ne se
« trouvent point dans les Archives de la Ville, elles auront sûrement
« été détruites dans des temps de trouble ou peut-être même
« pendant la Révolution. Au surplus, la Ville avait ces armoiries
« depuis un temps immémorial et l'époque s'en perd dans la nuit
« des temps ; les historiens les plus anciens de la ville d'Orléans en
« ont parlé ». (Archives départementales du Loiret, série T, dossier
« des concessions d'armoiries aux villes, 1814-1816.)

1266

A touz ceus qui verront ces presentes lettres […]
[…] salut en nostre seigneur […]
[…]

« ville d'Orléans avait des armoiries dès le règne de Philippe le
« Bel, sous lequel on trouve des lettres de Etienne de Lorris et
« de Macé de Chilly, bourgeois d'Orléans, arbitres nommés en
« un procès entre le chapitre de Saint-Aignan de la même ville
« et les habitants du lieu de l'Alleu, de l'an 1306, auxquelles
« lettres est attaché le sceau du dernier à un lien et pour contre-
« scel les armes de la ville à trois pièces (1), toutes pareilles au
« cœur de lis d'aujourd'hui, au chef de France ancien semé
« de fleurs de lis... (2) ».

Conservée dans les layettes de Saint-Aignan jusqu'à la Révolution, la charte portant le sceau que Polluche avait examiné,
est entrée dans les Archives du département au moment où les
biens de la collégiale furent confisqués par la Nation.

Jacques SOYER.

(1) On voit qu'en 1752, le deuxième sceau, celui d'Etienne de
Lorris, manquait déjà à l'acte. — Polluche s'exprime inexactement
en disant que le sceau de Macé de Chilly a pour contre-scel les
armes d'Orléans ; c'est tout le contraire : le sceau porte les armes
d'Orléans et le contre-sceau les armes de Macé de Chilly.

(2) En 1819, le président De La Place de Montevray, dans sa *Dissertation sur les armoiries de la ville d'Orléans* (*Annales de la Société des sciences, belles-lettres et arts d'Orléans*, p. 81), recopia
le passage de Polluche, sans citer l'auteur. — En 1830, Vergnaud-
Romagnési (*Histoire de la ville d'Orléans*), recopia aussi Polluche,
sans le citer non plus, et en amplifiant. Il qualifia Macé de seigneur
de Chilly et Etienne de seigneur de Lorris, alors qu'il s'agit de
simples bourgeois d'Orléans. Il découvrit aussi que le lieu de
Lallun (*sic*) était situé près de Janville. Ce qui prouve qu'il n'avait
jamais vu le document dont il parlait.